U0137354

庄学本

1934~1941
ZHUANG XUEBEN
XIXING YINGJI

主编 马晓峰 庄 钧

西行影纪

叁

四川美术出版社

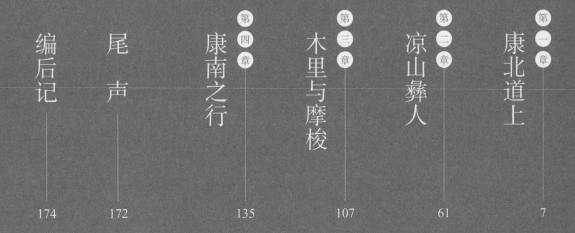

背夫

古道山高路险。茶叶从产地雅安运到康定，要走20天，全靠背夫一趟趟、一年年地背送。背夫要豁出性命翻过可怕的二郎山，通过泸定桥，进入康定城，还要缴纳茶税，最终才能把茶送进锅庄。

第一章 康北道上

因为入藏幻梦的破灭和家乡战事的激烈，在班禅圆寂的前夕，我已经和旅行大队分别渡通天河的冰桥，东下到达西康的甘孜。甘孜是雅砻江北岸的一个县城，这里的酋长是一位妙龄的"西番"女子，名叫德钦汪姆，很能干大方，颇受她的人民信仰，她的祖母是过去西康著名的女土司，她的叔父是寺中的活佛。

我在甘孜停留期间，听闻家乡战事失利，因此归心似箭，经炉霍、道孚于1937年12月底到达著名的边城打箭炉，城在一个深邃的狭谷中，人口约二万人，四川的茶叶和"番"地的羊毛、麝香、沙金是最大宗的商品。打箭炉不但是汉、藏的商业中心，而且是汉、藏间的政治重心，现在已成为西康省会，改名康定。我停留不久，就东行越过飞越岭、大相岭，经雅安而至成都。时在1938年的1月，战局蔓延，京沪一带全已沦陷，返乡之计又成为梦想。

这时嘉戎的友人由山中赶来欢迎我进去游历，于是重经1934年旅行的旧道进山，在羌"戎"两部落游历了一个月，接着因西康友人的邀请，又去打箭炉。先翻大炮山到丹巴，考察大金川流域的嘉戎，这是和理番同一系统的部族，环境和习惯风俗都相类似，不过很多的"戎"人信仰苯教，苯教在西藏古代1300年前佛教未传入的时候，势力很大，供丹巴辛饶为祖师，其转经自左而右，这与佛教经轮的方向相反。自佛教受松赞干布以下历代藏王的弘法护教，苯教遂被逐渐排斥而濒于灭寂，丹巴附近是今日苯教仅存的区域，他们的喇嘛还能用巫术挡冰雹。大金川在乾隆时经清代大兵两次征讨，战事前后历20余年，所以山上留下很多古战场的遗址，高大的石碉楼数十林立，是当年双方军队浴血争夺的坚固工事。我由丹巴回打箭炉，时在夏天，去西南200里附近的木雅贡嘎山，这是西康最大最高的雪山，峰尖的高度海拔7587米，仅次于珠穆朗玛峰，山周围数百里内多是海拔6000米以上的雪峰，在地形上这一堆集结的雪山峰峦仿佛一丛雪莲花。木雅贡嘎的主峰正像含苞未放的花心，它常年在雪线中，遍山云雾缥缈，寒气袭人，山尖在雪中极难露面，山沟里有一所小喇嘛寺，清风明月、与世隔绝，是最理想的出家人潜修之所。我在寺中独自待了5天。

按语 ━━━━━━━━━━━━━━━━━━

本文选自庄学本所著《十年西行记·康北道上》一节，略有改动。

"苯（本）教"俗称黑教，苯教的创始人为辛饶米沃。苯教不仅存在于丹巴，在甘孜、阿坝、昌都等地都还有苯教寺庙存在。

西康省成立于1939年，省会康定，辖区包括今西藏昌都地区以及四川甘孜藏族自治州、西昌、雅安等地。

康定旧称打箭炉，位于川西贡嘎山北端跑马山麓，现为四川省甘孜藏族自治州州府所在地，是一座历史悠久的高原古城，也是川藏"茶马互市"的重要集市口岸，西来的马帮到达康定，就要在这里转换运输工具或者就地进行茶马贸易。

甘孜、炉霍、道孚、丹巴均在今四川甘孜藏族自治州境内。

贡嘎山旧称木雅贡嘎，属横断山脉，海拔7556米，是大雪山脉的最高峰。周围有近145座海拔超过6000米的雪山。贡嘎山名列世界第32高峰，是四川第一高峰，有"蜀山之王"之称。贡嘎山在藏语里是"至高无上、洁白无瑕的山"的意思。

石渠牧场

著名的新寨嘛呢堆

1 藏族牧区帐篷

帐内陈设中为土灶，灶右为主人坐卧之地，灶左为客人坐卧之地。左边上首喇嘛在念经，下首缝工在做皮裘，右边为主妇在熬茶。

2 藏民在织靴带

康北途中的大炮山

1 雅砻江上游漂下的木材，由牦牛托运外地
2 赴道孚途中的松林口

1 康北道孚县城

2 炉霍县虾拉沱的天主教堂

这原本是一座由法国人办的教堂，在康北
不多见。据称这个教堂过去曾经一度相当
兴盛，但1923年该地发生地震，造成房屋
倒塌，传教士离开，教堂如今只剩下一座
颓败不堪的空房子。

踏雪开路的牦牛

1 正在修建中的飞越岭山道

2 皮船渡河

甘孜雅砻江上，当时没有桥梁，以牛皮船为渡。皮船以柳条为骨架，外蒙生牛皮，有圆有方，有单桨或双桨，直径约一丈，可载重一吨左右。在急流中渡河，惊险万状，极为不易。

踏雪翻越大相岭
人背货物行走在雪岭之上，可见辛苦。

康定老城雪景
康定旧名"打箭炉"，为康藏交通的咽喉，
海拔约2600米。

1 西康省政府主席刘文辉一家
2 刘文辉一家在夏帐幕
3 刘文辉夫妇在跑马山上

1 打茶包
2 包茶叶
3 茶庄的茶色

由背夫从雅安运来的茶叶,在康定经过重新打包,再由藏民组成的马帮向西运送。后面的茶马古道更加艰苦、更加凶险。

1 康定待运之木材

2 西康省刚开通公路运输，这是将行驶于西康公路上的一批新汽车

3 竹庆的锯木场

1 甘孜寺的香根活佛

2 大金寺遗址

大金寺在康北以富有著称，毁于
1931年至1932年的战火。

丹巴远瞰

1 丹巴一个村寨的藏式建筑

一般底层养畜，二层居住，屋顶晒打粮及祭祀之用。

2 丹巴墨尔多山神庙

1 巴底小学生在听留声机
2 巴底小学校的师生

丹巴少女

1 康定唐卡老画师

2 木雅贡嘎雪山

木雅贡嘎雪山海拔7556米，为西康最高峰。峰顶经常被浮云笼罩着，极少和人见面，更显其庄严壮丽。贡嘎山北麓的山间两涧汇流处有个贡嘎山寺，供朝山者祈祷山神之用。由此可以仰瞻雪山中之积雪，俯瞰冰川之流泉，风景幽绝。藏经中赞曰："木雅贡嘎美丽雪岭世上无双。居士在家静修十年，不如在此小住一宿；在家敬神千次，不如在此焚香一炷。"

1 女土司（左）和她的友人一起合影
2 甘孜女土司孔萨·德钦汪姆
3 女土司的康巴卫兵
他们每人佩着一支新毛瑟枪和一柄腰刀，
威风凛凛。

1 寺庙中的法师之装束
2 孔萨土司等欢送庄学本（前排左一）离开甘孜

石渠儿童

1 虔诚的藏民

2 石渠牧区藏妇

3 康北石渠县牧区青年男子

戴狐皮帽，留长发，左耳戴银质大耳环，穿无面羊裘。

4 巴塘农村藏族青年男子

额前短发齐眉，两鬓梳小辫数条垂于肩前，头顶盘"牛毛辫"，上串红珊瑚银戒数枚，穿布的内衣，左耳戴银环。

5 巴底藏男

4 5

第 一 章 康 北 道 上 59

武士装束

第二章　凉山彝人

我于1938年11月5日由打箭炉出发，预备步行进大凉山调查倮倮（LoLo）部落。带了二个随从的"戎"人背了一肩行李，出南门翻雅加埂雪山，顺大渡河谷南下，先到越西的田坝，在青年的倮倮土司岭光电君家里住宿了十几天，很凑巧遇到倮倮的婚丧大典。他们的婚礼是掠夺式的，在田野中先打骂一阵之后，男家就把已经打扮好的新娘强夺了去。新娘到男家不进屋，蒙头蜷坐在竹席棚下，然后男家就备酒肉，宴请女家送亲的人，于是又互相比赛喝酒、吃肉、角力、唱歌。新娘在天黑时进屋行见面礼，第二天早上就回娘家，这时新娘仅十一二岁，直到她长大成人或怀孕后方正式过门。丧事是在火葬时或火葬以后超度亡魂时举行，这是一次跑马打枪的热闹盛会，巫师用草木鸟兽做法事，饮酒诵经，作法毕就将灵位送入高山岩穴中，孝子在路上撒一把煮熟的麦子，说了一篇哄鬼的谎言，祝告祖灵等待麦子出芽后返家。

我在倮倮山上住了十多天，感觉到他们是很有活力、很自傲、很强悍，对任何种人多意存藐视，但对于鬼则特别害怕。我们由田坝去冕宁，再经西昌入大凉山，这也是一次惊险而有趣的行程。我随着邮差，装扮成他的伙伴步行进山，天天翻山越岭，歇宿在夷人家里，一路听到的多是抢劫和打冤家的新闻。夷人是著名的"猎人为奴"（Slave hunting）的部落，我们也很提心吊胆，在将到昭觉的那个早上，路经三湾拉丁河边，一群擎枪举刀的夷人阻住了我们的去路，呼吼跳跃，形势很严重，我们在背囊中取出盐巴和针线分给他们后，他们也很知足就给我们让开一条去路。

昭觉是一座空城，除县政府外只有两户汉人、三户夷人。我带着一架留声机，夷人初听唱片以为机中有鬼，因此天天有数百人进城参观，看了惊奇赞叹，我也就有充分的机会对他们照相或访问。彼此渐渐厮混熟了，很多贵族邀请我到他们家中饮酒吃肉，但是城外总不很安静，天天有纷扰，不是商人被抢，便是自相残杀的打冤家。此地是夷族的中心，神话中洪水以后夷人始祖娶天女，诞生人类的龙头山离此不远。夷人的村落很密集，多聚居在平原上，夷人中真正的黑骨头（黑彝）

不过十分之一，十分之九都为白骨头（白彝），白骨头属于奴隶阶级，他们的祖先或他们都是被抢的汉人或"番"人，这是夷族社会的一个惊人奇迹，他们每天的战争只是黑夷和黑夷因世仇而打冤家，绝对不是受压迫的白夷反抗黑夷的解放战争。我们在大凉山中各处游历了两星期就取道返西昌，途中又遇到了夷人的包围，但终未被擒去做奴隶。

2月16日我们离西昌赴盐源。由盐源南行至盐边，一路山势陡峭，鸟径羊肠，步行很艰苦。盐边山中除夷人外有苗人、傈僳等部落，他们的房舍都建筑在高山上，耕种为业，人数很少，势力也很薄弱，都荫蔽于土司的统治之下，他们四周夷人的势力仍很强盛。这里邻近云南，天气很温热，我的旅程由盐边经盐井入木里。

1 西昌邛海之滨
2 西昌城的鼓楼

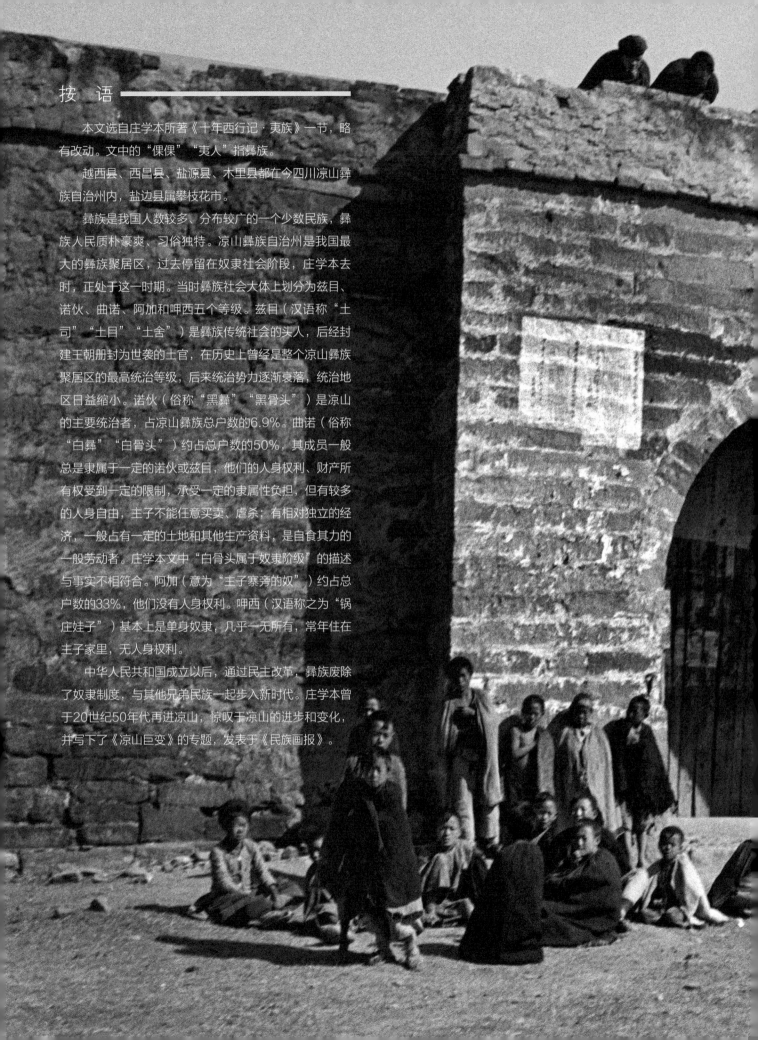

按 语

本文选自庄学本所著《十年西行记·夷族》一节，略有改动。文中的"倮倮""夷人"指彝族。

越西县、西昌县、盐源县、木里县都在今四川凉山彝族自治州内，盐边县属攀枝花市。

彝族是我国人数较多、分布较广的一个少数民族，彝族人民质朴豪爽、习俗独特。凉山彝族自治州是我国最大的彝族聚居区，过去停留在奴隶社会阶段，庄学本去时，正处于这一时期。当时彝族社会大体上划分为兹目、诺伙、曲诺、阿加和呷西五个等级。兹目（汉语称"土司""土目""土舍"）是彝族传统社会的头人，后经封建王朝册封为世袭的土官，在历史上曾经是整个凉山彝族聚居区的最高统治等级，后来统治势力逐渐衰落，统治地区日益缩小。诺伙（俗称"黑彝""黑骨头"）是凉山的主要统治者，占凉山彝族总户数的6.9%。曲诺（俗称"白彝""白骨头"）约占总户数的50%，其成员一般总是隶属于一定的诺伙或兹目，他们的人身权利、财产所有权受到一定的限制，承受一定的隶属性负担，但有较多的人身自由，主子不能任意买卖、虐杀；有相对独立的经济，一般占有一定的土地和其他生产资料，是自食其力的一般劳动者。庄学本文中"白骨头属于奴隶阶级"的描述与事实不相符合。阿加（意为"主子寨旁的奴"）约占总户数的33%，他们没有人身权利。呷西（汉语称之为"锅庄娃子"）基本上是单身奴隶，几乎一无所有，常年住在主子家里，无人身权利。

中华人民共和国成立以后，通过民主改革，彝族废除了奴隶制度，与其他兄弟民族一起步入新时代。庄学本曾于20世纪50年代再进凉山，惊叹于凉山的进步和变化，并写下了《凉山巨变》的专题，发表于《民族画报》。

凉山昭觉城

庄学本于1938年冬到大凉山昭觉。从西昌进去，途中曾被奴隶主包围了两次，险被掳去当娃子。昭觉城建于1901年，城的直径只有一百几十米，民间用"一灯亮四门"形容它的小。当时城内居民仅有几户，共几十人。

彝村大堡子

大凉山中的彝村，大多建在山上。村中人
家很少，只有几户到几十户。奴隶主的住
宅修有碉堡，以防冤家来袭。这是昭觉附
近的属于黑彝八且加的大堡子彝村。

1 越西县的集市
2 凉山冕宁县城一角
相传这里是高阳氏诞生之地。

奴隶主妇女出门

当时彝族人民尚为少数奴隶主黑彝统治。凡奴隶主妇女出行时，常带白彝女子及锅庄丫头等多人随从左右，从人愈多，显示着她们的权势愈大，有的甚至要锅庄娃子背着走。图中走在前面戴大包头和尖顶帽的是奴隶主妇女。

1 奴隶主吸烟，由奴隶娃子为她扶杆点烟

2 奴隶当牛马

彝族奴隶社会里，奴隶主将奴隶当牛马使用。这是1939年庄学本在大凉山昭觉小海子村遇见奴隶主八且加的二十多岁的大姑娘，由锅庄娃子结石巴扎背着出门串亲戚去。

食 品

摘自庄学本《旅行日记簿》

　　夷族主要的食品为苦荞（gano）、洋芋（iji）、燕麦、甜荞（ger）、玉麦（im），食物恐慌时则常取树皮（jubihul）及蕨根。一般的菜蔬为青菜（habi）、圆根（wuchi）、萝卜（wentsi）、辣椒（futso）、豆子（nomo）。贵重的食物为米（chol），菜肴则为鸡（wa）、猪（wu）、羊（yo）、牛（nyo）。

门前送客

客人将行，阖家送于门外，欢然道别，彝族亦恂恂多礼。

1 一户白彝的居室
2 屋内养鸡的竹笼

摘自庄学本《旅行日记簿》

食 法

一般的食法：荞子、玉麦、燕麦多做成粑粑（gafu），有时玉麦则煮饭；燕麦炒糌粑，于旅行或远处工作时调清泉而食之。洋芋连皮煮熟，青菜圆根萝卜煮清汤，豆子磨豆腐，做连渣菜，米及鸡猪等都为宴客时的食物。打鸡的方法，为扭头闭气而死之，打猪、打羊、打牛，用木槌或石块击撞头部而毙之。一切动物都不使出血，已经打死的牛羊，则剥皮，鸡猪就火上灼去毛羽，然后再剖肚切块，此时就分两种吃法：（一）烧烤，则取肉块、心、肝、挤掉粪便的肠子等在血水淋漓后，就烟火熏烤，到焦灼半熟即撕而嚼食。（二）煮汤，汤食的肉块多三四指阔的大块，和着很多的冷水，沸后不久盛汤取肉即一扫而空。他们用盐很吝啬，平常的烹调少用盐，因都淡而无味。所见夷族的肉类吃法，只有烤食和汤食两种，都很原始。同时他们又禁止煎炒，以为油香能引鬼，但是临近汉族的村落煎炒已开始传入了。

彝族婚宴
备喜酒数坛，招待宾客。

1 不知世事的小新郎忙着吃喝
2 昭觉盛装的彝族新娘

1 2 迎娶新娘

迎娶者到达时，受女方送亲者打骂、
泼水，男方勇敢地"抢"走新娘。

1 替新娘梳头打扮

奴隶社会时期，彝族实行早婚，由于迷信和阶级地位不同，白彝、黑彝两者结婚年龄奇偶不同。白彝女子9岁起就能结婚，多在13岁、15岁、17岁。黑彝女子8岁起可以结婚，多在12岁、14岁、16岁。迎娶时，实行掠夺婚（抢亲）仪式。新娘梳妆后被送至田野，迎娶者到达时，受女方送亲者打骂、泼水，男方勇敢地"抢"走新娘，迎接过门，备喜酒数坛，招待宾客。

2 将新娘梳妆后送至田野

1 俘虏

械斗中被俘的娃子，彝族视之为货物，随时均可买卖图利。

2 昭觉守卡的彝兵，过往此地需交卡税

3 庄学本在田坝遇到的一次打冤家，双方摆开械斗阵势

田坝黑彝奴隶主和他的"娃子"

1 2 3 武士装束

彝族古代武器有长矛、皮甲、角弓、竹矢、盾牌等，自清末火器传入，古代武器渐被淘汰，但此种古代英雄装束仍常见于打冤家之场合中。

1 毕摩摇法扇绕场而行
2 毕摩用手憋死猪、鸡来祭祀
3 灵堂前竖起招魂的神幡
苏尼作法，彝家有异兆即疑为冤家在口中
诅咒，往往请苏尼作法驱鬼，以为禳解。
作法时苏尼执木击鼓，战栗起舞。

1 招魂的马
2 吊丧者骑马举幡绕场走

2

1 为杀鸡超度亡魂
2 敬神

亲朋吊丧时，青年男子结队在村前呼吼跳跃，表示隆重欢迎

彝族丧事礼仪。人死后火葬，做灵牌，骨灰装入陶罐埋在田野或送至高山岩洞中。隔数年后，家庭生活富裕时举行"作帛"（或称做白），以示追悼，是彝族中最费钱的一种宗教仪式。作帛时请巫师毕摩诵经招魂，远近亲朋皆来吊丧。青年男子结队在村前呼吼跳跃，甚至挥刀鸣枪，表示隆重欢迎。一连数日，宰杀牛、羊、猪数头或数十头，作牺牲献给亡灵。

1 彝族毕摩念经超度亡魂
2 杀鸡占卜
3 宰杀牛、羊、猪作牺牲献给亡灵

1 经历沧桑的西昌彝族男子

2 彝族妇女将孩子抱在披毡之中

3 田坝彝人男子之装束，头顶"英雄结"

4 越西彝族妇女之盛装

5 咂酒

酒用杂粮酿制数日而成，饮时插竹枝于坛中，灌以开水，饮者就用竹枝咂之，谓之"咂酒"，彝族男女老幼均嗜饮酒。

饮　料

摘自庄学本《旅行日记簿》

夷族无饮茶的嗜好，口渴时即取冷水而饮之。

夷人酿酒的技术不精，烧酒都从汉地输入，或由汉人入内酿造。接近汉地的夷人平日上街即沽酒而饮，往往酩酊始归。深山夷人饮酒之机会较少，有客或有事时饮酒的规模很大，有时聚饮的一二百人，中间置酒坛，一人掌坛，又数人司传酒，饮者蹲作圆形，互相传饮，不需菜肴，历久不休，直到酒尽为止。

夷人男女都好饮，量极宏，曾在麻高见一男子连饮烧酒七八大碗毫无醉意。又在冕宁戈鸡家做白时见，男女宾客约二百人，二天内饮酒一大木桶，约有一千余斤，此种豪量，即善饮的蒙、藏人亦多不敌。夷人因好酒过量，故酒后闹事也层出不穷。

1 彝族少女刺绣

彝女以五色刺绣为装饰，青年彝女大多精于此道。大凉山里
彝女花领最为讲究，几何形之图案被认为是最美丽之花纹。

2 这是一部用彝文书写的经书

去木里途中过墨地龙渡口，
人和行李由溜索渡运过河

第三章 木里与摩梭

木里是一个极富神秘性的喇嘛统治之地，他的统治者世称为"木里王"。我先在他的边界打冲河南岸等候了一星期，等到派去的专差带回准许入境的文书后，他的头人方始打发一只木船过江迎接我们，招待在北岸山村中住了一夜，派人护送去木里寺，路上走了五天，方始到达。寺院在山坡上，号称"木里王"的项松典喇嘛在他的经堂中招待我们。他是一个二十余岁的青年，藏族，为境内三大寺中的掌教堪布并兼当地的土司。三大寺就是他诵经和办公的衙门，分散在三处，每处他驻留一年，轮流循环。三大寺的喇嘛共有3000人，每人有一支好步枪，喇嘛除了上殿诵经以外就服兵役，担任出征收税并办理乡政。木里完全是一个教、政、军合一组织的特殊区域，他较西藏的教治更为彻底，而境内尤以产

金著名，若干金矿任人民采挖，但必须上金税。寺中每年收入纯金的数量极为可观，因此境内兵力雄厚，政治修明，财力富足，现在成为挡住夷人向西发展的一个最坚强的壁垒。木里全境多是高山重叠，东南北三面为打冲河围绕，形势险阻，与外人不相往来，居民除藏、麽些外有苗、夷、栗粟等民族混杂，但对土司都极驯顺，上粮纳税并服从他的调遣。木里堪布为世袭制，死后由他族中的侄辈承继，堪布之上尚有木里香根活佛，地位超然，不问政治。

我们在木里境内游历，一路由寺中派了喇嘛护送，先南行到邻近的麽些部落永宁。这里是一个海拔3000米的平原，农田村舍，人烟稠密。东首有一个永宁海子，海中的湖水一片澄碧，直径约20里，四周环绕着苍翠的

松林和连绵起伏的山峰。水中有几个小岛，麽些土司在最大的歇鹤岛上建筑避暑的亭楼。湖上往来的都是独木船，由女子划桨，在烟波浮沉中时常听到她们清脆的歌声。环湖多是麽些的山村，他们以捕鱼耕种为生，操劳的都是女子，家庭组织也以女子为中心，男子除了当喇嘛外，在家帮着妻子工作，所以有"女儿国"之称。族中信仰巫师东巴，用象形文字，这种图画文字无疑是现在世界上尚活用而最古的一种文字。

自永宁又折返木里，赴另一大寺枯鲁，渡雅砻江参观著名的洼里金矿。矿场在山阳的水沟中，遍山都是深穴，有千余名工人在黑暗的金洞中工作，20余年前这里以常出数百两乃至千两重的大块黄金著闻于世，现在产量衰灭了，其主要原因还是因土法开采而没有机器设备。我们在矿场上住宿一宵，又折返枯鲁，再从溜索上滑过雅砻江，于是告别木里。北行赴九龙，翻山时因骑马摔伤了腰，在休养中写成一册夷人的调查报告，伤愈后于1939年7月30日重返康定。

木里巴尔地村
木里土司均出家为喇嘛，不结婚，故无子继承土司，历代皆由其母家的表弟或表侄承袭。历代土司的出生地巴尔地村的春季清晨，山中云雾升腾，美丽如画。

本文选自庄学本所著《十年西行记·木里与麽些》一节，略有改动。
文中的"木里"即今天的四川省木里藏族自治县，"栗粟"指傈僳族，
"麽些"即摩梭人。

木里

居民半数是藏族，信仰藏传佛教，是政教
合一的地方，有"喇嘛王国"之称。

1 杜鹃花丛中的旅人

2 木里河南岸的列霍寺，凡拟入木里者，需在此等候寺里堪布的批准

1 墨地龙渡口

2 淘金

雅砻江流经木里，称为"金河"，以产
沙金著名。这是当时河边淘金的情景。

1 木里寺中有座很高的弥勒佛塑像，造型生动，雕刻精美
2 木里三大寺堪布兼土司项松典，为木里最高统治者

1 木里古老的巴尔地人种衙门（生育房）

2 头人吹牛角召集村人支差役

3 木里传递信息的方式是将信扎在木架上，各村派人传递

1 九龙野人寺山洞
2 东巴法师在林中念经超度

1 永宁泸沽湖一景

永宁泸沽湖又名"左所海子"，地处原西康省和云南省交界处，方圆10里，海拔3000米，湖深20丈。1939年庄学本去云南永宁时，摩梭人还残存母系氏族的制度，子女从母居，财产由女性继承，农业生产和社会活动也以妇女为最活跃。永宁泸沽湖上有几个岛屿，其中最大的名"歇鹤岛"。土司在歇鹤岛上建有精美的别墅，风景幽静。

2 摩梭姑娘在歇鹤岛的阁楼上休闲观赏

1 建筑奇特的木里拱形桥
2 永宁街道

2

1 摩梭妇女服饰

图中为土司夫人和她的两个妹妹。

2 "披星戴月"的纳西妇女服饰

1 摩梭妇女

平民妇女用黑丝线缠大包头。青年妇女的
包头，越大越美，有的包头重达数斤。

2 木里妇女

3 木里傈僳族

木里山上杂居有不少傈僳族。傈僳族青年
能歌善舞，爱吹芦笙。

4 木里女子的头饰

5 妇女的头饰

大头和尚"哈香"率童男童女在
寺外巡行，意为地方驱除不祥

第四章 康南之行

在打箭炉休息了一个月，又携帐西行，翻折多山，渡雅砻江，经理塘草原，在马背上走了二十几天，到达康南文物最盛的巴安。它在金沙江东岸，地势低洼，气候温暖，水果、稻麦都有出产，城中有学校商市，"番"人都种田、做小手工业，衣冠文物皆模仿内地，城南有古柏围绕的喇嘛寺，城东有林木茂盛的苹果园，城北有热泉奔流的温水汤，城西十数里外就是水流飞湍的金沙江。风景有江南的美，因此有"关外苏杭"之称。到达时适逢藏历八月唱藏戏的季节，戏场在城南龙王塘柳林中，全城的人都在柳林中下帐房看戏，非常热闹。藏戏班子是寺中的喇嘛，男角女角都由光头喇嘛扮演，并由一位活佛做编导，戏情很长，大半为佛教的故事，一连在草坪上表演了五天。巴安人都穿新衣吃酒肉，白天场上看戏，晚上帐中跳舞，尽情享乐。

戏毕，我顺金沙江南行，江边悬岩峭壁、偏桥栈道，极为险峻。一路河谷温暖，"番"人皆以耕种为业。七天到得荣后又从白松折返。白松在三百年前是麼些木天王领土，现在还遗有旧碉楼的陈迹，这里是"番"地唯一产米区。我们由白松经义敦，在牧场中的"番"人帐幕里住了七天，每日在草坪上和牛羊结伴，晚上在牛粪火前，饮奶茶听诵经。由义敦返巴安欲将沿金沙江北上赴德格，不料在起身的前晚，甘孜女土司因婚事而发生了战争，各处都风声鹤唳，不便行旅，于是我只有在巴安停留过冬。巴安的年节，喇嘛寺中跳神、挂大佛、送瘟神，接连着热闹几天，等待甘孜战事平息，因时间关系终止北游，冒着春雪翻山越岭，仍取道理塘返回打箭炉。

為民前鋒

防 國 圉 翠

毅

巴塘藏族学生打棒球

本文选自庄学本所著《十年西行记·康南之行》一节，略有改动。文中的"番人"指藏族，"巴安"即今四川巴塘县。

唐东杰布为藏族古代的一位智者，传说藏戏是由他首创而成的。

康南道上的雪地行旅

1 理塘老街
2 转山的藏民

康南道上的雪地旅人

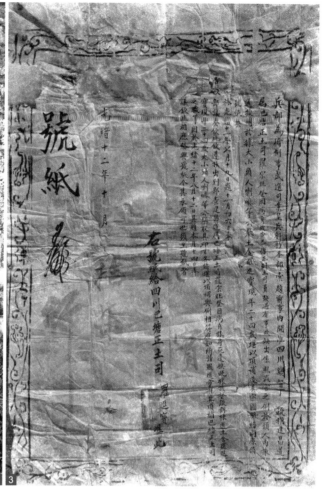

1 石壁之下修筑栈道

2 平西桥题碑

3 清政府发给巴塘土司罗进宝的承袭执照

康藏民间故事

摘自庄学本《旅行日记簿》

　　1939年的秋天，我由打箭炉出发到西康南部一带去旅行，在中秋节的前两天赶到金沙江边的巴安，在这里看了喇嘛演出的藏戏，又看了青年男女热烈地跳弦子。于是顺金沙江边的险径南下到达和云南西北部接壤的得荣，然后又绕义敦牧场返抵巴安。正要启程北行去德格的前夜，康北出了一件由甘孜女土司的婚姻问题而引起的战争，兵荒马乱，震撼了西康关外的全部，于是我只有在巴安休息下来，开始着手搜集神话故事，预备汇集几篇以作将来写西康民族时的一章插页。但是在短短的一个月内竟出乎意料地共收到了有二三百篇之多，整理后结果还得到有78篇。

　　康藏地方被人认为神秘，其原因为地理环境的闭塞，宗教色彩的浓厚和社会的原始，于是令人迷惑不易了解。我们要研究崇山叠嶂的康藏高原的人民生活，必须先从宗教文化入手，那么流传民间的故事神话，就是他们共同的心理反映，为进窥康藏宗教和文化的初基。在这78篇故事中，一部分属于图腾色彩的神话如《青蛙人》等；一部分属于稗官野史的如《藏王请婚唐公主》等；一部分属于地方志的如《充本拉》等；一部分属于修辞逻辑的如《鸟猴之争》等；一部分属于文学小说的如《格萨尔王》等。其中多数是歌颂佛教的如《曲吉朗桑》《直勉根敦》等，如果细细地分析可以分为许多类。再内中有几篇故事如《藏王请婚唐公主》《皇后囊奢》《仙女妖妇》《曲吉朗桑》《直勉根敦》《太子格登》，都是藏戏中著名的戏本，流传很久，康藏各地新年中或八月间表演时，观众往往数千人，所以在民间的影响极为广泛深切。

　　这78篇故事显然不全是康藏当地的产物，有若干传自内地，若干则来自印度，使我们明了这片高原是中印文化交流之地，尤其宗教信仰受到印度佛教的影响极大。故事的背景大多是游牧、樵采、经商，以及幼稚的农耕相对照，他们的进化实极迟缓，许多工艺依旧还依赖内地的匠人。他们古代的社会组织，是封建的酋长制，当时的国王大臣和现在的土司头人也不过五十步与百步之比。康藏的地理环境，雪岭冰川，草原万里，到处人烟绝迹，极目荒寒，所以他们对于稀有的海子（湖泊）和常见到的动物，往往寄以幻想，触物动情，因此关于海和野兽的故事也特别多。

跳弦子的场面

带头的男子用胡琴奏乐，男女分成两
列，挽手歌唱，互相酬答，随唱随答。

巴塘弦子

巴塘男女青年能歌善舞，"巴塘弦子"以善拉胡琴者为前导，随后男女青年列队，歌唱起舞、互相酬答。琴声歌声，抑扬顿挫，长袖翩翩，婀娜多姿。

1 巴塘康宁寺

巴塘的康宁寺为格鲁派寺院，有喇嘛2000人，每逢藏历新年举行展大佛仪式，供信徒膜拜。

2 跳神仪式开场时的场景

1 举行迎神仪式
2 僧俗人等在市中熬酥油，喇嘛们环绕会场念经除邪

巴塘康宇寺铁棒喇嘛

藏　戏

藏戏起源于古代西藏高僧唐东杰布，那时西藏境内鬼魅横行，民众苦不堪扰，唐东杰布在鬼魅作祟的那一天，率领徒弟表演向所未有的戏剧，情节动作都很有趣，鬼魅来参观后竟被吸引着忘去与民众为难。这故事遗传下来，藏戏就成为一年一度的宗教规例。

藏戏采取故事神话为剧本，唐代文成公主嫁于藏王松赞干布的史实，亦即藏戏中重要的一部。其余如"董永董珠""扎钦国王"等多数以宗教思想为中心，表现一个信仰佛法的人经过若干挫折终得善果。所以藏戏无疑为佛教最有力的宣传剧。

巴安藏戏的舞台就在柳林中央一块平坦的草地上，张起四丈长的天幕，下面陈设几桌坐褥，正中供着开山祖师唐东杰布的神像。旁边一个音乐台，只有皮鼓和铜钹两种乐器，帐后的一座小台就是演员化装休息的后台。观众在场的周围搭起帐幕，即成临时的看台。

演员共二三十人，僧俗都有。出演时穿戏装、开花脸，或戴面具，上场后随鼓钹声动作。戏词重唱、对白极少，唱时有的即执剧本于手而诵读，且有帮腔，每至尾音处，在场之演员均同声合唱。表情为写实而兼象征，例如：一个化装的女角仍能露出男子的本色。又折柳条为马，马奔跑时骑者即跨柳条满场飞跑。藏戏不分幕，剧情极长，一戏连着唱一二日，自晨至晚不休息不中停。此次共唱四出，但已连绵至五日之久。

这五日中吸引观众二三千人之多，青年男女都盛装来观剧，同时数十成群的举行打平伙——聚餐，在冷落的边塞，这确是一次空前的盛会。

春节期间举行的跳神会上，威严的大威德金刚在追逐驱鬼

1 法神与骷髅鬼
2 法神与女鬼
3 象神
4 法神
5 法神大威德和牛神

1 巴塘康宁寺里的骷髅神柱
2 寺庙跳神的一幕

1 巴塘寺里的学经喇嘛
2 得荣穴居山洞的藏人

1 理塘的崇善土司一家，过着安逸的生活
2 幸福的青年藏民

1 酿制酥油
2 贫困的藏族儿童

1 康北甘孜农村男子

戴头饰、梳小辫、短发，其头饰缝于布图之上，有银牌、玛瑙、珊瑚、绿松石等，五色缤纷，盘于脑际，左耳多戴银环一枚，穿布的内衣。

2 理塘藏族妇女头饰

3 康南牧区义敦县老者

4 得荣藏族妇女的一种头饰

5 弹琴的藏童

尾声

　　1940年的夏季在打箭炉整理西康沿途所摄的照片，1941年为西康在重庆、成都、雅安举行摄影展览会，日本飞机时时来重庆、成都两地轰炸。

　　1942年参加康藏贸易公司飞印度，企图绕道印度通过公司开辟的西藏驿运路线入藏，但终因印度政府不给签证，在印藏边界停留三年，未能入藏却游历许多佛教圣地和风景美丽的土邦。

　　1945年日本投降了，我由印度返国，重回上海。屈指离别故乡已十余年了，在这十余年中，故乡已饱经沧桑，虽景物依然但人事全非，不禁怆然。本集的整理，因公私事务的羁绊和一部分战前照片的失散，遂致迟延了两年。

编后记

　　庄学本数千张摄影作品在相册和蜡纸袋中沉睡了数十年，默默地等待着人们的慧眼。今天在尊重历史、崇尚文化、以人为本的大环境下，这些作品一下子放射出耀眼的光彩，使我们能够比较完整地阅读80多年前中国摄影界这位杰出的摄影家所完成的作品。

　　从庄学本传奇的一生和他的文字著作、摄影作品中可以看出，20世纪30年代他在"失掉东北而开发西北"的思想标向支配下，饱含"匹夫有责"的爱国热情，投身西部考察，立志把祖国腹地各民族的真实情况介绍给国人，这是庄学本西部探访的思想支柱。20世纪30年代开始在中国兴起的摄影术，在信息传播、艺术欣赏、商业活动等方面起到的作用，触发了他的想象，且他把摄影当成他报国和生存的重要"武器"。于是，25岁的庄学本以他敏锐的悟性开始了无异于人类学、民族学研究者的田野调查作业。

　　从1934年后的十年中，庄学本徒步或骑马辗转于川、甘、青、康（原西康省，1950年10月，金沙江以西地区改设昌都地区，1956年划归西藏地区；1955年金沙江以东地区划归四川省）各民族地区，当时这些地区还相当落后，有的甚至保持着原始状态，他冒着失去自由甚至丧失生命的危险，翻山越岭，踏雪渡河，克服了众多旅途中的艰辛，执着地背着相机和行李穿梭于村寨、寺庙、高山流水之中。无论走到哪里，他都相机不离身，随时抓取精彩瞬间，白天拍照，傍晚记录考察的内容，并且在雨衣里或抽屉中冲洗底片或印照片送给拍摄对象。在这样的艰苦条件下，他义无反顾地进行着民族考察。他所拍摄的照片，严肃而真实地反映了那个历史时期西部民族的社会生活、历史状态，具有鲜明的时代痕迹和民族、地域特色。随着时间的推移，他的作品中所蕴含的人类学、民族学内涵逐渐丰富、升华、成熟。

庄学本的摄影作品不仅具有人类学、民族学的价值，由于他完全掌握了摄影语言的运用，在机械纪实中注入了主观创造，不少作品不单纯为了图解某一社会现象或调查论点，而是对典型景物最本质、生动、感人的形象写真，具备独立表达丰富内涵的功能，所表现出的纪实美，又迎合了人们欣赏摄影艺术的审美心理和要求，因而他的许多作品具备了摄影美的独特优势。

今天当我们抚摩着这一帧帧满布历史尘埃却光彩夺目的老照片时，不禁沉迷于它鲜明的时代痕迹和民族、地域特色，领略着它朴实而无矫揉、细腻而无烦琐、自然而无猎奇、丰富而无驳杂的艺术风格，在精彩瞬间里所表达的真和情以及黑白灰这单纯而又丰富的色调所展现的景和物，蕴含着令人玩味的艺术美和景物本质的联想。

在我国，我们能大量看到的最早的摄影家作品，大概首推庄学本了。与庄学本同期或早期的摄影家如刘半农、郎静山等的摄影作品已不多见。这里不可能用简短的文字概括庄学本作品的历史、社会、学术价值，但它给我们最直接的启示是：庄学本的纪实性摄影艺术，可与20世纪30年代中国乃至世界摄影大师比肩而立，他的民族调查等方面著作，在民族学等方面也有着超前的成就。

本书的编纂，采录了大量庄学本先生那个时代所做的考察手记、日记，或是早年出版的著述。为保持其历史的真实性，文中原有的章节名、地名、族名等尽可能地保留庄先生原文的称谓。值得说明的是，一些称谓如"番""戎""夷"等并不是这些民族或部族自愿的自称，而是带有轻蔑性质的他称。囿于历史局限，庄先生不可能对其另起名号。同样也是历史认识的局限，文中表述尚有舛误或不尽准确之处，编者尽可能地以"按语"或加引号的形式加以廓清。望读者阅读此书时有所体察。

编　者

图书在版编目（CIP）数据

西行影纪. 叁 / 马晓峰, 庄钧主编. —— 成都：四川美术出版社, 2021.6（2023.2重印）
ISBN 978-7-5410-5099-2

Ⅰ. ①西… Ⅱ. ①马… ②庄… Ⅲ. ①中国历史—近代史—史料 Ⅳ. ①K260.6

中国版本图书馆CIP数据核字（2021）第119061号

西行影纪 叁
XIXING YINGJI SAN

主编　马晓峰　庄　钧

出版统筹	吴兴元　杨红义	编辑统筹	梅天明　杨建国
责任编辑	张慧敏	特约编辑	余颖霞　张　妍　何　唯
责任校对	陈　玲　田倩宇	制　作	成都华桐美术设计有限公司
营销推广	ONEBOOK	责任印制	黎　伟
装帧制造	四川蓝色印象艺术设计有限公司		
	墨白空间·张静涵		
出版发行	四川美术出版社　后浪出版公司		
	（成都市锦江区金石路239号 邮编：610023）		

成品尺寸	215mm×275mm
印　张	11
字　数	210千字
图　幅	142幅
印　刷	北京雅昌艺术印刷有限公司
	（北京市顺义区高丽营镇金马园达盛路3号）
版　次	2021年9月第1版
印　次	2023年2月第3次印刷
书　号	978-7-5410-5099-2
定　价	398.00元（全套3册）

读者服务：reader@hinabook.com 188-1142-1266
投稿服务：onebook@hinabook.com 133-6631-2326
直销服务：buy@hinabook.com 133-6657-3072
网上订购：https://hinabook.tmall.com/（天猫官方直营店）